Teresa Peverelli   Jan Kaeser   Philipp Frei

Inhalt

Kammerstück in 3 Teilen   Wassergasse 7

Vorwort

Über eineinhalb Jahre hinweg zeigen Teresa Peverelli, Jan Kaeser und Philipp Frei
in denselben Räumen nacheinander eigene gestalterische Positionen. Die
gewählten alten Wohnräume werden in ihrer Geschichte, ihrer architektonischen
Ausrichtung und ihrer örtlichen Gegebenheit untersucht.
Das Liegenschaftenamt der Stadt St. Gallen stellt den drei Kunstschaffenden die
Wohnung an der Wassergasse 7 zu günstigen Konditionen zur Verfügung,
nachdem sie längere Zeit einer verdeckten Drogenszene als Abstiege gedient hat
und sich in erbärmlichem Zustand befindet.
Teresa Peverelli arbeitet als erste dort. Wie anschliessend für Jan Kaeser und
Philipp Frei sind die momentanen Zustände der verschiedenen Räume Ausgangs-
punkt für das eigene Schaffen. Dieses äussert sich immer wieder in der
Differenz zum Vorhandenen: weiterführend, aufhebend, steigernd, verwandelnd,
komplementär, analog, ähnlich, immer neu.
Bei allen lässt sich das Prinzip des Modellierens erkennen, bezogen auf die
Architektur wie auch auf die Eingriffe des Vorangehenden: «was füge ich hinzu,
was trage ich ab?» oder «wo umhülle ich, wo lege ich frei?».
Nach jeder Schaffensperiode werden die Räume für Besucherinnen und Besucher
geöffnet, um diese in Gesprächen in die Auseinandersetzung miteinzubeziehen.

Die in der vorliegenden Publikation zusammengetragenen Texte und Bilder
mögen erfahrbar machen, wie sich Lebens- und Kunsträume vermischen und wie
sie gegenseitig ineinander weiterwirken können.

Teresa Peverelli   Jan Kaeser   Philipp Frei

Die hier vorgefundenen Spuren waren drastisch und brutal. Sie erzählten eine
tragische Geschichte, eine latente Gewalt war atmosphärisch wahrnehmbar.
Diese wirkte als enorme Spannung auf mich ein. Vor allem durch praktische Arbeit
und durch die einfachsten, immer wiederkehrenden Handlungen musste ich mich
zuerst sozusagen physisch behaupten. Ich musste mir Inseln schaffen, sicheres
Land, um mich diesem erbarmungslosen Zustand stellen zu können. Meine Arbeit
wurde zu einer Gratwanderung zwischen Selbstbehauptung und Objektivierung.
Es war ein Kampf ums Dasein und dessen bildnerische Umsetzung. Die
Berechtigung zu haben, Persönliches, Intimes darzustellen wurde mir zur Frage.

T.P.

Nachdem ich die Wohnung im August 1995 eine Woche lang gereinigt hatte, konnte
ich mich im März 1996 wieder mit den Räumen und zusätzlich mit der malerischen,
vielgliederigen Arbeit von Teresa Peverelli auseinandersetzen. Während eines
Monats tastete ich die Räume, die Formen und Materialien, die Gegenstände und
Wandtexte ab. Ich versuchte die Licht- und Geräuschverhältnisse zu begreifen,
ohne schon Veränderungen vorzunehmen. Ein Ausgangspunkt zu meiner Arbeit
war der Mensch als sich bewegender Körper im Raum.
Ich beobachtete mich und andere Besucher, wie sie sich in dieser Umgebung
bewegen und fand Übereinstimmungen und Ähnlichkeiten in ihren Bewegungsab-
läufen. Diese Körper-Raum-Verhältnisse versuchte ich mit entsprechenden
Materialien, Formen und Farben festzuhalten.

J.K.

Meiner Arbeit waren viele Gespräche und Eindrücke der komplexen Raum-situationen vorangegangen. Den Erfahrungen des jeweils Sichtbaren standen vergangene, erreichte Ausdrucksformen gegenüber. Wie einer Schlange, die ihre Haut abwirft, sie liegenlässt und als loses Gewebe dem Zerfall übergibt. So untersuchte ich die Mauern, Wände, Böden und Decken in ihrer Verbindung und Zusammensetzung. Ihre verdeckten Stoffe und Gewebe ergaben Ansatzpunkte, um mit eigener Sprache auf die Vorarbeiten zu reagieren. Durch schichtweises Abtragen alter Farben und Mauerteile konnte ich die Räume öffnen und neu strukturieren. Raumeingriffe legten vergangene Zustände frei und diese wirkten auf die neu eingesetzten Arbeiten. Ich versuchte fortwährend alte Erzeugnisse zu reaktivieren, die Dinge sprechen zu lassen.

P.F.

1. Teil   Teresa Peverelli

Christine Fischer   Ich lege alles ab

Christine Fischer   Ich lege alles ab

Ich lege alles ab
meinen roten Mund
meine blauen Augen
und die bunten Kleider
auch das Buch mit den sieben Siegeln
lege ich ab
sogar meinen gelbscheckigen Namen
und die Sommersprossen auf der Haut
nur nicht
die Jahre meines Lebens
des vergangenen, des künftigen

Ich verzichte
auf alle Töne von Grau
auf alle faulen Gemische

Ich bekenne mich
zum Gegensatz
spanne den Bogen von
zu
bin die Spanne dazwischen
weisses Blutkörperchen
NEIN ROTES
rotes Körperchen Blut im
weissen Kosmos des Körpers
verlasse Krakau in westlicher Richtung
komme an in Auschwitz
27. Januar

kurble mein Herz an
beginne zu fliessen
durch die Kalkräume des Erinnerns
durch die Puderräume des Vergessens
flimmere in blauen Gedanken
arktischen
NEIN ANTARKTISCHEN
splittere im Knochenschloss
breche jedes Mass
gefriere Stein und Bein

und spüle weiter
halte mich fest
für einen Augenblick
an den tröstlichen Dingen der Hand
NEIN DES FUSSES
an Eimern und Töpfen
an Schwämmen, Bürsten, Schabern und Pinseln
an den Vertrauten aller Tage

und spüle weiter
werde Kind
lecke Milch
NEIN BLUT
fasse Suppe
den Proviant fürs Leben
hüpfe durchs Pommerland
komme näher
NEIN ENTFERNE MICH
sinke mit dem fallenden Schnee
bitt für uns
du Weisse, du Schwarze
aus Feuer und Eis

und schwemme weiter

trete ein in den Bauchraum des Schmerzes

dort wo Mann haust

NEIN FRAU

das Alter, NEIN DIE JUGEND

die Unruhe, der Riss

die Schrift an der Wand

das Gelächter Belsazars

gezählt, gewogen

gelitten, erlitten, durchlitten

aufgedeckt

leicht geworden

Engel gewesen, NEIN TIER, Muschel

aus dem Paradies geworfen

erkannt, benannt

gut, NEIN BÖSE

die scharfen Konturen des Seins

den Namen

das Fleisch, wissend, NEIN DUMM

durch alle Jahrhunderte des Wanderns

und ich gehe

jetzt gehe ich

den letzten Schritt, NEIN DEN ERSTEN

gebe alles ab

mein Fell, mein Haar

auch noch die letzte Haut

bedarf keines Schutzes mehr

am Tor der Verwandlung

zerbreche ich den Winkel, die Messlatte

werfe das Senkblei ins Schwarze Meer

ist alles ausgestanden

gebunden, NEIN GELÖST

und ich rege mich
auf
und gehe hinein
ins grosse Nichts

es verspricht mir alles

Sabine Böni   Teresa

Sabine Böni   Teresa

Januar / Februar 1996

Altes sauberes Besteck. Metall. Kulturwerkzeug. Nährwerkzeug. Zwischen der Hand und dem Staub.

Ich kann mich auf dem neuen Boden niederlassen und vom tragenden Floss aus in die Tiefe löffeln. Staubschutt erdwarm unter dem Holz. Während mein Auge vom begehbaren Inselboden her über die freigelegten Staubschuttfelder streift, erinnere ich mich an das italienische Schwiegervaterhaus, in dem der Wein während des Krieges genau hier versteckt und gelagert wurde. Das tiefe Rot im grünen Glas vor Feinden geschützt.

Ich muss niederknien, mag nicht auf dem neuen Boden bleiben. Er ist mir zu glatt. Unter dem alten spüre ich die Schätze. Nicht Schutt. Zartheiten. Spuren von Wärme und Leben.

Ins Feuer gelegte Kartoffeln in Alu eingewickelt. Die Kartoffelkörper sind geschrumpft. Nahrungskörper. Einstmals Gewachsene. Von Händen gepresst sind sie Steinwerkzeugen aus frühesten Zeiten verwandt. Das Alu hat seinen Glanz verloren. Mehr Natur denn Kultur.

Zartheit von Knöchelchen. Nicht grausam. Innere Zeichnung in uns allen.

Buchseiten. Eine Art Kreisel, viele Ringe, ein Kreisen. Ich muss ganz nah heran. Ich kann den Staub nicht betreten, aber ich möchte lesen im sich mir mehr und mehr eröffnenden Boden. Eine Dankbarkeit durchströmt mich, einem Leser vergleichbar, der mit jeder gelesenen Zeile mehr sich selber erkennt.

Das Mädchen auf der Fotografie schaut ernst mit verschränkten Armen, wissend, dass der Blick des Fotografen auf ihm ruht. Verschränkte Arme, zugezogener Vorhang. Unter den Ellbogen versteckte Hände. Eine Preisgabe starker innerer Regungen verwehrend.

Grüne Flasche roter Wein. Mein Erinnerungsbild für unter dem Boden Verborgenes. Das Fensterlicht fällt durch eine grüne Plastikfolie, die Schranktüren atmen dieses Grün. Ein weinroter Folienknäuel liegt auf dem Fenstersims. In den Raum gedehnte Bruchstücke meines Bildes finde ich wie erwidert.

Die Ausgrabung hat erst begonnen. Ich bin seit zwei Stunden hier, spüre in diesen Räumen ein Konzentrat von Stunden. Tagen. Wochen. Hände die alles berührt und geformt haben was ich mit den Augen zu ergründen versuche. Fixieren und darübergleiten. In die anderen Räume schweifen. Abhängigkeiten erahnen. Wieviel Sicherheit erträgt die Tiefe? Die Schwarzweissfelder möchten Balance herauf-beschwören. Noch sitze ich am Rande des aufgerissenen Bodens, muss schauen und staunen, wieviel an diesem einen Ort noch ungesagt ist.

In den vier angelehnten Spiegeln ist die Farbe das Nächste. Sie quillt hervor. Die orangefarbene Folie spiegelt knisternd das Feuer des brennenden Hauses auf der Fotografie am Spiegel. Ich meine zuvor eine zweite im dunklen Raum gesehen zu haben. Irgendwie verknüpfe ich sie dorthin und bin erstaunt, überhaupt keine Fotografie zu finden. Du hast sie kurz weggenommen und ich merke wie sie fehlt. Das brennende Haus.

Zuhinterst oder auch zuunterst die dunklen Dinge. Lichtloser Lampion.
Das Dunkle in der Dunkelheit. Wie wäre es, wenn ich die halbe Teddybärenhülle der Wand oder den Bären am Boden in den Stühleraum tragen würde. Ins blaue Feuer. Ins Schneelicht. Die rosa Mädchensandalen sind ein Bild für diese Durch-lässigkeit. Für ein Nebeneinander von Schutz und Entblössung. Gleichzeitig.
Die Spannung des Weges wäre aufgehoben, wenn ich nicht mehr mehrere Räume durchschreiten müsste um vom einen zum anderen zu gelangen.

Vier Richtungsänderungen bis ich die Überschuhe im Stuhlraum über die Füsse ziehen kann.

Die Wärme ist aussen. Neonweissblau der ganze Raum. Kühles Orange auf allen fensterzugewandten Flächen. Das Holz ist gerissen gebrochen zersplittert gesprungen. Verbindungen entzweit gespalten. Die Grenzen ihrer Tragfähigkeit überspannt. Die Stühle wollen mit dem Auge berührt sein, sie sind dem Licht, nicht mehr den Leibern ausgesetzt. Enthoben. Keine wohlige Gemütlichkeit, der Boden gesäubert bis zur Unbegehbarkeit. Das Holzfeuer brennt in diesem Raum. Sein Knistern beim Einfeuern wärmt hämisch trotzend.

Der dunkle Raum – du malst Kaffee mit Acrylfarbe – ist weniger erlebbar, weniger vielgestaltig, eindeutiger und in dieser Eindeutigkeit weniger modelliert denke ich im Zug, ohne die Möglichkeit sogleich zu überprüfen. In deiner Dunkelheit ist viel Trockenheit, keine nasse Erde, kein feuchter Schmutz.

Wenn ich noch einmal das Bild des Weines erinnere, wäre er hier ausgeflossen. Glaslos. Getrunken. Mein Bedürfnis, einen Bären zu den gequetschten Stühlen zu tragen ist verkehrt. Ich möchte noch mehr dehnen. Tiefer ertrinken, erlebbarer erfahren, was, wenn du ins Feuer eintauchst erfahrbar wird. Entblösste Füsse. Die Sandalen in die Ecke gestellt.

Rotpulsierender Teddybär. Du zögerst. Die Dinge sind hereingetragen. Irgendwie wünschte ich mir mehr Erde. Ich wage mit Worten zu suchen was du meinst müsste radikaler sein. Was sich im kühlen Raum materiell durch Porzellan oder Glas noch steigern könnte wäre hier Nässe, Erde. Mit den Händen, nicht mit Löffel und Gabel.

Im Plastiksack an der Wand scheinen mir feuchte Überreste. Ich ahne eine gewisse Scheu, das Leidenschaftliche in den Raum auszudehnen.

Ich habe auf der Schwelle vom behaglichen Raum in denjenigen mit dem aufge-rissenen Boden zu schreiben begonnen. An der Schwelle des behaglichen Umhüllt-Seins zum Eindringen ins Innere, Hüllenlose. Das Balancieren auf dieser Schwelle ist unser Weg. Das Pendeln zwischen ganz aussen und ganz innen wünschst du dir noch radikaler.

Du hast den innersten Raum verdunkelt. Den äussersten unverhüllt einem Noch-weiter-Aussen gegenübergestellt. Ich stelle mir vor, wie sich die Empfindungen verändern würden, wenn das Licht durch ultramaringefärbte Fensterfolien in den Stuhlraum flösse. Wenn dagegen Tageslicht den schwarzverhängten Raum beleuchtete.

Vielleicht weil die Kühle sich noch autarker abheben könnte, weil die Wärme ihrem Abstellkammerdasein enthoben würde. Das Feuer, das die Wände auflöst. Im Raum erlebbar.

Im allerersten Raum, im Nebenraum neben den zerborstenen Stühlen blättert die

Wand, es blättert die Decke. Selbstverständlich leuchten zarte blaue Schichten unter dem gelblichen Weiss hervor. Kein zustreichendes Verbergen, kein aushebendes Bergen.

Das hängende Papierstreifenkorallennetz erinnert an die Sandalen. Alles verwandt mit dem Schleier der durch das Zimmer webt, in dem wir uns am Ofen wärmen, in dem der Tee uns wärmt. Der Schleier atmet, ein und aus. Die Bänderkugel, Armbanduhren, ein geflochtener Kindertaschenkorb. Alles mit weisser Farbe umschleiert, nicht erstickend aber irgendwie verstaubt. Nicht soeben noch berührt. Das Springseil schläft. Eingerollter Arbeitskittel, umschnürte Kerzen, konservierte Erinnerungen. Ein Altarort, eine Nische. Eine Prise Sehnsucht. Oder Glaube. Oder Wissen. Ein rotgemaltes Herz an der Wand, eine Maria, ein Kreis nicht ein Kreisen. Weisser Pelz am Stuhl, daneben nicht blut-, rosenrot.

Es ist kein fernes lichtartiges Aussen wie bei den Stühlen, sondern das greifbare alltägliche Aussen, das sich wie durch die Negative an den Fenstern ins Innere projiziert. Aussen meint hier die Wohnungen, die Häuser, die Räume in denen der Mensch lebt. Seine Wände und Böden die er mit Bildern und Teppichen belegt. Ein mit Fenstern und Türen geschützter Ort. Ohne Windritzen. Ein Eingang, nicht ein Einbruch. Eine Plattform, nicht eine Grube.

Der Weg von der Küche zum Tisch ist ein Kippweg zwischen Wohnraum, Bildraum, Wohnraum. Ein Kippen zwischen greifen und schauen. Die Stühle an der Fensterwand sind beide verschleiert. Der eine ist mit Wortfetzen besetzt. Der andere steht heute am Tisch, nicht mehr eng beim ersten. Letztes Mal hätte ich es nicht gewagt mich darauf niederzulassen. Heute wird er zum Gebrauchsgegenstand.

Siena geschminkter Spiegel auf dem Fenstersims, klein. Nicht wandweiss, nicht bodengrau, nicht schrankschwarz. Farbiges Pigment. Eine Taschenikone. Atmende Haut unverhüllt ganz am Rande des Raumes und hervorleuchtend unter dem Bodenschleier.

Du zweifelst am dunklen Raum. Ich versuche meine Bilder für ihn hinter mir zu lassen und durch das langsame Kauern in ihm tauchen die Orte aus der Dunkelheit.

Ich muss den grossen liegenden Bär auf dem Boden berühren. Krustende aschige Versteinerung. Die Falten seiner Unterlage fliessen aus dem Ohr. HIER empfinde ich SCHÖNHEIT. Es ist der Raum, der sich am langsamsten offenbart. Erst wenn auch der Kopf die Schuhe ablegt.

Das Büsi lehnt schüchtern an der Wand. Ich kann seine Geste, die unsere Hand in den Raum zeichnen kann nicht mit Worten nachbilden. Je umrissener der Körper umso hilfloser das Schauen. Der Verstand stirbt uns.

Flüssiger meint vielleicht fliessende Umrisse zwischen Tier und Mensch und Ding blutend krustend liegend hängend schwebend entgrenzt.

Eva Gossweiler   Die Räume dieses Ortes

Eva Gossweiler   Die Räume dieses Ortes

Hier feiern die Räume dieses Ortes ein spannendes Fest: ein Fest der Freude, der
Lust, der Spannung und Wirkung! Ein Fest des Anrufens, der Vergangenheits-
bewältigung und des Aufrüttelns? Ein Fest der Zeiten, der Herausforderung und
der Veränderungsprozesse! Ein Fest der Lebendigkeit.

Hierzu haben sich alle Kammern sorgfältig hergerichtet, mit intensiver Arbeit «heraus-
geputzt», jede auf ihre Art. Sie wollen beachtet werden, einen genussvollen (oder
nachdenklichen?) Beitrag zum Gelingen des Festes bringen.
Die insgesamt sieben Kammerstücke heissen: Garderobe, Aufbewahrungsraum,
Haut-Raum, Küche, Geborgenheitsraum, Musikzimmer und Dunkelkammer.

Diese ganze Kammer-Überraschung verbirgt sich hinter der hölzernen Wohnungs-
tür mit teils durchsichtigem Glaseinsatz, bereit, jedes Spiel mitzuspielen.
Mit jedem Betrachter, der über die Schwelle tritt, erhält das Fest eine persönliche Note,
verändert sich vielleicht der Inhalt, bleibt aber trotzdem ein spürbarer Bezug.

Zuvorderst steht der nüchterne, schmale Gang. Er lädt nicht zum Verweilen ein,
sondern drängt nach Fortbewegung. Nur die eingeschlagenen grossen Nägel an
der hellen Wand deuten an, dass das Hierbleiben möglich ist.

Unmittelbar gegenüber öffnet sich eine grob weissgestrichene alte Holztür. Hier
ruht der Aufbewahrungsraum: klein, dunkel, Vergangenes behütend. Die Decke ist
übersät mit Nägeln, deren Köpfe aufmunternd sagen: «Hier hängen viele
Möglichkeiten, häng auch deine sichtbar auf, damit sie vor deinen Augen trotz
ihrer Verletzbarkeit immer wieder tanzen!»
An der hinteren Wand hängt ein fallschirmartiges Netz, das Höhenflüge anbietet.
Und da – treffende Sätze, auf das alte Wandgestell gekritzelt, rufen die Realität an,
unerbittlich!

Diese Kammer gibt durch zwei grosse scheibenlose Fensterlöcher dem anliegenden Haut-Raum die Hand. Welcher Gegensatz! Eiseskälte verströmt das tiefblaue Deckenlicht in dem sterilen, kaltweisshäutigen Raum. Ein Bild der Zerstörung und Gewalt bieten die chaotisch ineinanderverkeilten Bruchstücke einiger Stühle: Wut – Ausbruch – Gefängnis – Isolation!

Merkwürdig fesselnd wirkt der Haut-Raum, obwohl Furcht, in den Raum einzudringen, überhandnimmt. Spannungsgeladen ist hier die Stimmung. Sie verschlägt mir den Atem.
Gerade hier liegt auch die Schwelle zur heimeligen, sauber aufgeräumten Küche. Wie erlösende Tränen wirken die bunten Farbflecken, die sofort auffallen. Alltag kann wohltuend sein. Banalität und Kompliziertheit stehen einander im Leben gegenüber. Licht, Wasser und Wärme können einfach und wunderbar zugleich sein. Jeder muss hier durch, wenn er den ganzen Kreis der veränderten Kammern erleben will.

Durch die andere Türe in dem quadratischen gemütlichen Alltagsraum wird eine Schlauch-Kammer sichtbar, der Geborgenheitsraum. Er scheint eine puderig weissdurchsichtige Haut zu haben, die sein Innenleben zusammenhält, und trotzdem bleibt die Eigenständigkeit der Dinge erhalten.
Blutflecken am Boden werden zu brauner Tinte. Gegenstände wie Bilder, alte Lampen, Photos erinnern an vergangene Leben. Alltagsutensilien, liebevoll zusammengebracht, geben der Gegenwart Gewicht. Die klaren einzelnen Scheiben, die wie herausgebrochen wirken, erlauben einen Blick nach draussen, in die Weite.
Der dominante Ofen singt: «Nimm dir Zeit, geniesse die Geborgenheit.» Und ein klar herausstechender Stuhl mit Polster fordert zum Bleiben auf. Aber Neugierde mischt sich in die Behaglichkeit.

Hier wartet ein weiterer Teilnehmer des Festes mit seinem Zauber auf: Die Stube mit Kachelofen und Wandschrank. Der Musikraum greift nach mir! Er gleicht einer Symphonie! Glasröhrchen, die an Metallhäkchen um die zentrale Lichtquelle hängen, machen bei Berührung Musik. Die alte, in der Mitte hängende Lampe verändert das Grün im Raum. Er wirkt gespalten.

Linke Hälfte: der neu eingelegte Tannenboden, umrahmt wie ein Schachbrett. Rechte Hälfte: ein teils aufgerissener alter Riemenboden, der sein Innenleben wie das erbrochene Gewölle einer Taube freigibt.

Der riesige Wandschrank schafft mit seinen eigenen Bildern die Verbindung. Wieder paaren sich Vergangenheit, Gegenwart und ihre Möglichkeiten. In der hinteren Ecke liegt eine Matratze mit sauberem, schneeweissem Laken darauf. Die Schatten in den Falten sind Phantasiegebirge. Hier lässt sich nachdenken.

Und doch zieht mich ein Sog über den schwarzen Streifen am Boden in die Dunkelkammer zum schwarzen Kastenloch hin. Geheimnisvoll, ruhig und doch etwas unheimlich wirkt die Kammer mit der schwarzen Wand. Ihr Schmuck sind bruchstückhafte, hautartige Figuren, die jede für sich spricht und Spannung enthält. Auf besondere Verletzbarkeit weisen die Kinderschuhe hin, die unter einem in der Wand steckenden Fleischmesser stehen. Die Augen einer kleinen Stoffkatze treffen tief und lang.

Die schwarzen «Löcher» laden ein, hindurchzutreten. Um einen Kreis zu schliessen? Um die Gemeinsamkeit der feiernden Individualisten nochmals zu durchwandern? Der schwarze Sarg engt keinesfalls ein, er wirkt eher zwingend aber bodenlos, offen für die Möglichkeiten, wieder zu feiern, Herausforderungen aufs neue anzunehmen.

2. Teil   Jan Kaeser

Eva Gossweiler   Alle Sinne

Eva Gossweiler   Alle Sinne

Ist das kreative Raumgestaltung?
Oder bildhauerische Innenarchitektur?
Oder symphonische Kammermusik?

Alle Sinne sind angesprochen!
Wie ein Thema mit Variationen erscheinen die Kammerstücke.
Das Oval wird Thema.

    im sich spiegelnden Sieb neben der Glastüre/in der Garderobe
    im strengen Federoval am Boden/im Welt- oder Jahreszeitenraum
    in der eiförmigen Schaumstoffigur/im Aussenraum
    im tiefblauen Menschenoval am Boden/im Pulsraum

Inhalt des Themas ist eine In-sich-Abgeschlossenheit mit positiver Spannung, die
jede Beteiligung eines Individuums zulässt oder sogar herausfordert.
Spielerische Variationen tauchen auf!

    ein umfunktioniertes Stuhlkissen, das sich im Gang draussen spiegelt?
    ein Hinweis auf die Durchlässigkeit, die Innen und Aussen verbindet?
    ein Piano, das erst das Forte ermöglicht?

    drei Stühle, die die Federn scheinbar aufsaugen?
    drei Menschen, die miteinander kommunizieren und auf diese Art Energie tanken?
    metallene Töne, die einen strengen Melodieverlauf umplätschern?

    federleichtes Krabbelgetier, das aus dem Hintergrund hervorquillt?
    Lebewesen, die sich am Geschehen in der Helligkeit beteiligen möchten?
    Disharmonien, die nach Harmonien streben?

ein Schaumstoffberg, der die Besucher an die Aussenwand drängt?
Isolationsmaterial, das Geräusche im Raum erstickt und dadurch die laute
Aussenwelt miteinbezieht?
Stille, die wie eine lange Pause wirkt, um gewesene Töne nachklingen zu lassen?

ein Männerbauch, der als Zentrum der Atmung durch die tiefblaue Stoffwurst
seinen Atem wieder zurückempfängt?
das Tiefblau des Meeres, das durch unser Auge ins Körperinnere trifft?
Puls, Takt, Rhythmus, Kontrapunkt einer Lebensmelodie, die über die
Peripherie in den Kern dringt?

die Küche als Zentrum der Kammerstücke?
Ort des Alltags, der zum Leben gehört?
Bekannter Tonraum, in dem wir uns bewegen, um in höhere und tiefere Lagen
auszubrechen und aussergewöhnliche Töne aneinanderzureihen?

Eine Symphonie ist entstanden!

mit

humorvoller Gestaltung
Lust am Zusammenfügen von bekanntem Material in uns fremder Art
eingeflochtenen Gesetzmässigkeiten
lebensfroher Phantasie
eindrücklichen Formen

vielfältigen Beziehungsmöglichkeiten
und differenzierten Klangfarben

Sabine Böni   Jan

Liegender Körper   Michael Abele

Sabine Böni   Jan

Osterwoche April 1996

Federn. Daunenweich. Die gebrochenen Stuhlknochen befiedert. Nicht mehr
kaltblaues Schneelicht, die warmweiche Seite des Schnees. Umhüllend, du sagst
beseelend. Mein Atem bewegt das Federkleid der im Gestell sich aneinander-
schmiegenden Körperteile. Die ehemals schutzlos am Boden zerstreuten Glieder
sind in die Höhe gebracht. Ein Weg, eine Bewegung, eine Bergung. Das Gestell
wie eine aufwärts tragende Leiter. Weichleichtes das die Schwere erhebt.
Bruchwunden überwunden.
Das Bodenfedernoval erschliesst den Boden, die Eiform erlaubt Ostern zu denken.
Sie ruft nach Fussspuren, ruft nach dem Körper der sich bewegt, der berührt, der
mit allen Gliedern schaut. Kein gerahmtes, ein umhüllendes Bild. Ein Raumkörper
der mich eintreten lässt.

Du lässt die filzweiche Polsterung aus der ovalen Sitzfläche punktweise hervor-
quellen, das dunkle Innere tritt herein in die Sichtbarkeit. Aus der Distanz und
besonders in der Scheibe gespiegelt erkenne ich deine Idee des Siebes, das
dunkle Nahe wird zur Öffnung, zum Durchgang, zur Bewegung zwischen kommen
und gehen.
Ein Raumkomplex wo schwarz und weiss nicht knallhart aufeinanderprallen, keine
konservierende Spurensicherung, ein Übergang. Luftigoffenweit wie Teresas
Papierstreifennetz, das du in den Eingang hängst.

Öffnung. Überall öffnest du. Die Fensterverhüllungen, die Schränke, die Ofentür.
Du gehst nicht achtlos über die Erinnerungsstücke hinweg, suchst neue Orte, ver-
wandelst sie.

Während ich dir zuschaue, wie du den aufgebrochenen Boden ausgräbst, denke
ich, dass du den erinnerten Wein ans Licht holst. Die kleinen Folienfetzen glitzern
wie Scherbenreste.

Tisch und Stühle in der Küche lassen einen in ihr verweilen, sie ist nicht mehr Durchgang, Herzkammer.

Später begegne ich den reich weissblühenden Frühlingsblütenästen in der Landschaft – und verstehe, wie du analog zur Natur die Stuhlresten zur Blüte bringst.

Juni 1996

Bei meinem letzten Besuch spürte ich alles in Bewegung, alles noch offen, das Alte sichtbar, das Kommende ungewiss.

Inzwischen sind die Erinnerungen zugedeckt, die Schränke mit Teresas Gegenständen verschlossen, der aufgerissene Boden spurlos vernarbt.

Gegenwärtiges. Ein Felsblock nimmt den Raum neben der Küche ein. Er verdrängt, treibt weiter, ein Tier, ein Streichelwesen bärenhaft. Ich bin aussen im Innern eng dazwischen. An der engsten Stelle scheint der nur körperbreite Durchgang jeden Schall zu schlucken. Ein Eisblock, ein riesenhafter Kamin. Schaumstoff kaltwarm weichhart in einem. Genau in der ihn umgebenden gelblichweissen Farbe der Wände. Das Oval wächst hier als raumfüllender Ei-Felskörper aus der Wand über dem Kochherd in den anliegenden Raum.

«Durch das Fenster kopfüber in die Nacht springen

unter dem antarktischen Schnee tauchen»

Teresas an die Wand gekritzelten Worte sind das einzige in diesem Raum, was von ihr übriggeblieben ist, was sich gleichzeitig und nicht nur nacheinander berührt.

Der Boden unter den Federästen ist stellenweise geölt, nassglänzend. Es tanzt kein Federchen mehr lose in der Luft.

Drei Stuhlwesen berühren knapp den Federnkreis. Eine enge Gruppe nach innen ineinandergestellt. Knochig, aus Metall porös gegossen. Schwerleicht stehen sie wie Schatten im weissen Raum. Ineinandertanzend mit hochragenden Armen aus den Beinen heraus in die Höhe wachsend. Gemeinsam und doch in eigene Richtungen. Ein Dreiergeflecht, ich denke an eine Familie, du siehst darin ein Bild für eure Arbeit zu dritt.

Beine in Arme übergehend bei den Stuhlwesen. Im ultramarinen Endloskörper fliessen Beine und Füsse nahtlos in den Kopf über. Das Oval liegt als Schlangenkörper im Raum.

Als der Tänzer in sein Gewand schlüpft, begreife ich, dass es die Atmung ist, die durch den freigelegten Bauch erlebbar wird. Die Bewegung, die entsteht, wenn Äusseres ins Innere fliesst und von innen wieder nach aussen gelangt. Belebend. Existentiell.

Nachtblau schwimmend ein Übergang. Der Atem verbindet den alten wieder geschlossenen mit dem neuen Boden, die Insel mit der Tiefe.

> «Bei vollem Mond springen Fischleiber ins Boot
> feste Schwänze klatschen laut an die Bootswände
> Männer brechen die Schalen auf
> zuckendes Fleisch»

Die Gegenwart des lebendigen Körpers, seine verletzbare nackte Haut bildet den Herzort im Kreislauf deiner Räume. Die Extreme zu versöhnen suchend, verriegelst du die hinterste dunkle Kammer und öffnest die wieder zum Eingang führende Tür.

Entscheiden bedeutet Trennungen aufheben. Dein Bedürfnis ist die Reduktion. Du ent-scheidest die Fülle, formst aus der Vielfalt das Eine, schenkst immer wieder *einer* Idee Gestalt.

Im Treppenhaus entdecke ich eine mit Polstermaterial umwickelte Wasserleitung, dasselbe Material, das aus der Sitzfläche hinter der Glasscheibe der Eingangstüre quillt. Isolation. Eine weiche Hülle, die die Wärme im Innern bewahrt. Abgrenzung, Schutz. Weiche umhüllende Federn, Polsterschaumstoff, Kissenkörper. Alles Isolation.

Vielfalt ist Zerstückelung, Trennung. Die Stuhlfetzen sind im Gestell geborgen, an ihre Stelle tritt das Oval und drei im Kreise stehende Stühle. Alle Erinnerungsstücke sind in Schränken verschlossen, isoliert. Das Runde, Geschlossene tritt an ihre Stelle. Du öffnest, um zu schliessen. Wie der Atem. Immer wieder ein Kreislauf. Entscheidest, isolierst und führst genau dadurch Getrenntes ineinander.

Christine Fischer   Augenblicke. Atmender Raum

Christine Fischer   Augenblicke. Atmender Raum

Am Anfang war der Tod.
Er war ein Punkt. Punkt.
Ihm war langweilig.
Da raufte er sich zusammen.
Er legte sich hin und tat einen Zug.
Schöpfte Atem.
Ein.
Liess ihn ziehen.
Aus.
Und abermals: Ein. Und Aus.
Kurz: er erfand den Rhythmus.
Der Rhythmus, nicht träge, erfand die Bewegung.
Und die Bewegung erfand den Raum.
Ganz einfach war er, ihr erster Raum.

Er war ein Nest, und in dem Nest lag ein Ei. Daraus kroch eine Schlange, die biss
sich in den eigenen Schwanz. Nun hiess sie nicht mehr Schlange sondern
Vollkommenheit. Sie gebar das Leben.

Das Leben war jung. Es war ein Kind. Es war zart und warm und mit jedem
Atemzug anders. Ihm wuchsen tausend Arme:

  es barg und es stiess weg
  es umschloss und es legte frei
  es kam nahe und es verkroch sich
  es wölbte sich vor und es krümmte sich zurück
  es beendete und es begann

Es rückte Stühle, es lud ein. Diejenigen, die seiner Einladung folgten, erfuhren,
was Kinder noch nicht nennen können:

    die Ganzheit und die Trennung
    das Innen und das Aussen
    den Standpunkt und den Wechsel

Und alle, die weggingen, wunderten sich. Was war geschehen?
Ein Werden, ein Vergehen. Augenblicke. Atmender Raum.

3. Teil   Philipp Frei

Christine Fischer   seit ein Gespräch wir sind

Christine Fischer   seit ein Gespräch wir sind

Raum sagst du, einfach nur Raum.

Es geht um den Raum

den ersten Raum.

Wer ist der Erfinder des Raums? gebe ich zurück. Bestimmt ein Mann.

Stelle dich einfach hin, sagst du, gib der Leere ein Mass

Menschenmass.

Wie denn? frage ich.

Strecke deine Arme aus, nach vorn, nach hinten, seitwärts und in die Höhe.

Wo die Fingerspitzen, die Fussflächen hintreffen, baue eine Wand

ganz einfach, sagst du. So einfach wie eine Kiste.

Ein Lebenscontainer.

Ich brauche Tür und Fenster, sage ich.

Meinetwegen, kannst du haben, sagst du, es ändert nichts am Prinzip

seit ein Gespräch wir sind

Es geht nicht, sage ich. Siehst du denn nicht, dass mir alles fehlt?

Alles wozu? fragst du.

Alles, um zu begreifen, wie der Mensch seine Aussparungen trifft.

Aussparungen?

Ja, Orte, wo er sagen kann, ich bin hier und dort bin ich nicht.

Oder ich war hier und dort werde ich sein.

Ich verstehe dich nicht, sagst du und ich antworte, nein, ich beschwöre dich:

Komm, tue das Erste, löse mir die Zunge.

Lehre mich die Muttersprache der Materie.

Diese einfachen Wörter möchte ich stammeln können

Werg, Kalk, Ton, Rost, Staub, Span, Gips

uralte Zweisilber buchstabieren

Jute, Mörtel, Faser, Kachel, Täfer, Ziegel, Riemen, Rapputz

die Sätze der Laufdielen rezitieren, die Geschichte von der Saumschwelle erzählen

das Märchen vom Kreuzholz, vom Hirnholz und vom Herzbrett

das Drama der äusseren und inneren Leibung

seit ein Gespräch wir sind

dann, mach weiter, lass es nicht bei der Zunge bleiben, sie ist dumm genug

gib mir zwei Hände, einen Spachtel, Schaber, Schmirgel, Stechbeitel

die Nagelklaue

damit ich hinter die Glätte komme

zu den Geschichtungen vorstosse

den Zeitwulst freilege

die Null-Linie des Wachstums bestimme

die mir erlaubt zu sagen, von hier aus gehe ich

schürfe tief

türme hoch

lege frei

überklebe

altere, verjünge

seit ein Gespräch wir sind

dann gib zu den Händen mir Hexenbeine dazu, damit ich Plus und Minus überspringe

und in alle Dimensionen tanze

das Ganze splittere, das Unteilbare teile, zerlege

und aus Eins Tausend mache

aus einem Stück Mauer tausend Bröckchen

Millionen von Partikeln

das Einfache vervielfältige, multipliziere, potenziere, revolutioniere

bis hin zum närrischen Chaos, zur regellosen Unzahl

und zum Schluss, ja ganz zum Schluss, gib mir alte Augen,
Augen die wissen, dass Weiss nicht weiss ist und Braun nicht braun
Augen von Buschmännern vielleicht oder Augen der allerletzten Inuit
die den Unterschied kennen zwischen schwarz und geschwärzt
die mir das Gelb lehren, das ist wie ein Grau
und das Grau wie ein Grün
bis ich die Farben tönen höre als Chor der Ahnen
als Lied einer gebrochenen Welt

und dann, vielleicht dann, werde ich endlich den Satz begreifen
dass nichts, was es auf Erden gibt, verlorengehen kann
dass es bloss umgewandelt wird
und mir wird der Mut zufallen, diesen Wandel zu ertragen
und ich werde, kurz bevor ich deinen Raum verlasse
einen Bleistiftstummel aus meiner Tasche kramen
und an die Wand, die leere, kritzeln:

Gebrechlichkeit, als wärs ein Mensch.

Sabine Böni   Philipp

Sabine Böni   Philipp

September bis November 1996

Tapetenschichten freigelegt. Rehbraunrote Kreuzblütler von giottoblauen Himmels-
blumen übergossen, hellgelbliniert, schwarzgraurosa, Zeitungsstücke, armierendes
Jutegeflecht, nacktes dunkelhäutiges Holz.
Wie alte Schriften liegen die abgelösten Tapetenstücke am Boden ausgebreitet.
Ausgefranste Herbstblätter, trockensprödt jahrelang gepresst ans Licht gebracht.
Wandkleider, Hautschichten, Hausschichten, Lebensschichten.
Wo Teresa mit weisser Farbe alles verschleierte, Jan einen raumfüllenden Körper
errichtete, löst du die Schutzschichten, suchst die feinnervige Durchdringung
innerster Berührungen. Du holst hervor, was nur die Zeit so reich malen kann. Die
Wohnung wird zur Fundstelle. Teresas und Jans Spuren werden nicht schonender
behandelt als alles übrige in den Raumhüllen Verborgene. Lange ist alles Abtragen.
Entrümpeln, schälen, schaben, kratzen, wegspitzen.
Ausstellen bedeutet herausstülpen, hier empfinde ich ein Nach-innen-Winden, tief
hinein in die Buchseiten einer Geschichte. Die Seiten längs aufgespalten bis sie
durchsichtig jedes Wort gleichzeitig zeigen. Blossgelegte Seelenstücke.
Was ich anfänglich als ein Bergen von Schätzen empfinde, kippt teilweise zu
schmerzhafter Blösse. Bis auf die Knochen kratzt du die Wände auf.
Eine unversicherte Suche des Ersten, Letzten, Möglichen, Losgelösten, wacklig
Fliessenden, sich Beziehenden, Begriffslosen durch Farbe, Holz, Gips und Steine
hindurch.

Alles wird schwebend, entzieht sich einem sicheren Standpunkt. Jans metallene
Stuhlkörper gelangen in einen verschlossenen Aussenraum, wo sie nur durch
ein kleines Guckloch in der Wand sichtbar, hoch auf Schaumstoffblöcken wie auf
Wolken thronen.

Bei Teresa waren es individuelle Schätze, hereingetragene Dinge. Jan suchte
den Körper im Raum. Du zeigst die Räume an sich, keine Illusion, keine Absicht

einer speziellen Nutzung. Die Namen heben sich auf. Kein «Wohnzimmer», das behaglich sein muss, keine «Küche», die funktionieren soll. Ein Raub der Identität, ein Entreissen jeder Maske. Nichts in die Räume Projiziertes. Nicht eindeutig kalt oder warm oder blau oder weiss, nur Aufdeckendes, immanent Vorhandenes. Ein überall Finden des Gegensätzlichen. Saugend und reflektierend, matt und glänzend, erdig und glasig, himmelblau und ziegelorange. Die Räume zeigen sich. Es zeigt sich. Endlos beginnlos. Farben, Materialien, Texturen. Klaffende Gegenwart der Geschichte dieser Räume.

Leise aus den Wänden Summendes im Licht, das durch die Fenster hereintritt.

Jede Stelle ist Fenster. Spiegelnd, opak, öffnend, durchbrechend, den Raum stufend, tiefer hineinzeigend. Feine Sprünge. Farbsprünge. Zeitsprünge. Poren. Nicht der atmende Mensch im Raum. Die Wände selbst zeigen Grade von Öffnungen, Grade von Berührtheit.

Im fünften Raum befindet sich während einiger Wochen ein kleiner Körper. Scheu, dunkel, treu sucht das kleine Stofftier Schutz im Bodenwandübergang. Geflockter Schaumstoff erleichtert und schützt. Eine Wärme analog den befiederten Stuhlfragmenten, die später in der gegenüberliegenden Raumecke das Bild ablösen. Plötzlich übergross anthrazit spiegelnd ein breit gemalter Bodenstreifen, eine Strasse, eine Wucht hart zwischen kalkigem Weiss. Die Schwarzweissfelder an der Decke, die Jan ablöste und im Raum zu versöhnen suchte, legen sich jetzt wie der kleine Ausschnitt eines einzigen Zebrastreifens vielfach vergrössert auf den Boden. Haarlos ein Einbruch. Ein Schutzschild. Die Decke ist ganzflächig mehrfach überstrichen. Kühles Weiss ins Blau gebrochen. Tarnfleckenartig abgelöste Flächen erstrecken sich über die Schrankwände, als wären sie aufgemalt. Eine entgegnende Haut.

Nicht mehr die begriffslose Empfindung langsamer Auflösung der vorderen Räume, ein Gegenschlag. Heftig. Der starke Geruch von Kunstharz schon im Eingang. Eine Behauptung gegenüber dem emsig stetig wegtragenden Insektenwesen.

Teresas dunkle Dinge verschwinden in der hintersten Ecke unter weissem Füll-material, erstickend, trocken. Nicht mehr Feuer und Nässe. Eingeäschert, überrieselt von den Flocken. Kaum ein Körper, der sich retten könnte. Sie werden zu Zeichen, welche nur noch deren Wesen berühren möchten und erheben sich über die Wände bis nah unter die Raumdecke. Einzig den auf hohem Stab thronenden Kopf lässt du aufrecht stehen. Sein rot in die schwarze Schrankwand gekratztes Schattenbild verwandelt sich in die Idee eines entschwebenden Luftballons. Auf er stehend.

Eva Gossweiler   Die Räume selbst

Eva Gossweiler   Die Räume selbst

Die ganze Wohnung ist zur Kunst-Baustelle oder zur Baustellen-Kunst geworden,
ausgefüllt und zugleich erweitert. Die Räume selbst sind Objekt.

Schon im Gang tauchen Farben und Formen von jetzt
und früher auf. Genaues Betrachten lässt ein spannendes Spiel mit der Phantasie zu.

Ganzes trifft auf Ergänzendes
Vergangenheit begegnet
Gegenwart

Im Abstellraum klebt ein weisses Stück Papier an der
kahlen Wand. Mittendrin ein Loch, durch welches
ein Auge in den Nebenraum blicken kann: Hier stehen
lebendige Metallstühle mitten in einem Schaumstoff-
meer.
Die geschlossenen Fenster auf der Seite zum nächsten
Raum verleihen der Kammer hier eine Eigenständigkeit.

Ein Blickwinkel ist nicht
einfach ein Blickwinkel

Manipulation durch
Gewichtung

Der warme Holzofen zusammen mit dem Naturholz-
boden und dem einladenden Tisch mit Stühlen lässt den
Raum zur Stube werden. Im Gestell, das an der Wand
einfach plaziert worden ist, präsentieren sich Farbreste
seiner Verkleidung selbst, von Boden und Wand. Ein
Brett, Teil des Küchengestells, unterstreicht die
Gliederung des Raumes. Farbfetzen tanzen selbständig
an den Wänden.
Die Küche hat ihren ursprünglichen Boden zurücker-
halten. Nur Herd und Waschtrog sind noch da. An der
Wand zeigen sich Farb- und Formenmuster. Arbeits-
intensiv, phantasievoll, vielleicht auch mit genussvoller
Neugierde erwirkt.

Geborgenheit – Verspieltheit
ist hör- und spürbar

Ordnung und Unordnung
fügen sich zusammen

Licht wird freundlich

Mittelmässigkeit weicht der
Lust, einen Grund aus-
einanderzunehmen, konkret
und im übertragenen Sinn

Die Küche ist zur bunten Überraschungskiste geworden: Die Türe erhält ein Gesicht, die Feuerstelle ist ein Puzzle, der Boden ein Mosaik.

Die lange Kammer ist klarer geworden. Nackte Mauer über dem Ofen sichtbar. Das dunkle Ofenloch inmitten der angekratzten Kacheln wirkt wie ein offener Mund, der die Zunge herausstreckt.
An der langen Aussenwand klafft eine Wunde, die nacktes Holz zeigt. Gegenüber, wie ein Dialog, steht das grosse, wirre Wandstück, das die vielschichtige Raumverkleidung erkennen lässt.

Von der Schwelle der Küche aus wirkt die Aussenwand für mich schon wie draussen. Die blassfarbenen Flocken könnten Schnee sein, der aus den Wolken fällt.

Durch das breite Tor betrete ich den grössten Raum. Nein, ich tauche in eine Landschaft ein: Hellblauer Himmel, tiefer prägender Kanal, der das Ufer spiegelt, hängende Trauerweiden, feines Geäst, sanfte Wiese, glänzender Fels und ein bunkerartig getarntes Gebäude. Bäume laden zum Versteckspiel ein. Im Hintergrund entdecke ich einen hellen Fluss, von dem ich nicht weiss, wohin er fliesst.

Neugierig taste ich mich näher und bleibe sprachlos und überwältigt vor der letzten Kammer stehen.
Die Landschaft dehnt sich bis hierher aus. Der alles mit sich tragende Fluss endet in den Wellen des Meeres. Gegenstände, lebendige Wesen tauchen auf und unter. Gebilde, die aus der Luft herabhängen, weisen den Weg.

Nutzen in Verbindung mit Freude
Alltag ist Phantasiereise

Sekundenlanges Ahnengeflüster ist hörbar
1, 2, 3 oder 4 Dimensionen?
Räumliche und zeitliche Vielschichtigkeit vereinen sich
Ort und Zeit werden bildhaft lebendig

Aufheben von Vergangenheit, Gegenwart und Zukunft

Weite gleich Erlösung

Schwarzweisse Statik trifft auf Bewegungslust

Unergründliches paart sich mit Bekanntem

Leben wird zeitlos

Starrheit weicht Licht- und Schattenspielen

Lebenswichtige Verbindung von Luft und Wasser

Am Ufer warten Bär und Katze darauf, ins Fliessen
miteinbezogen zu werden.   Beziehungsfelder

Der Kreis ist geschlossen.   Einschränkung als Möglich-
Das Meer lässt alles offen.   keit zur Ausdehnung

Anhang

Biografien

Christine Fischer

1952 geboren. Lebt in St. Gallen.
Logopädin, Autorin. Schauen und Schreiben seit ihrer Kindheit bevorzugte Tätigkeiten.
Seit einigen Jahren zentrales Interesse an der Verknüpfung von Auge und Wort.
1992 *Eisland*, Erstlings-Roman, Edition Erpf. 1994 *Lange Zeit*, Roman, Edition Erpf; Beiträge
in Prosa und lyrischer Prosa in verschiedenen Zeitschriften und Anthologien. Werkstattleiterin
Schreibend betrachten an der Klubschule Migros. 1995/1996 Mitarbeit bei den Projekten
Wassergasse 7 und *Satz Bild* (mit Teresa Peverelli). 1997 Textbeitrag in NOISMA, Zeitschrift für
Literatur, St. Gallen, Nr. 35, Schwerpunktthema BILDER.

Sabine Böni

1966 geboren in Bülach.
Ausbildung zur Zeichenlehrerin an der Schule für Gestaltung in Zürich.
Unterrichtet zur Zeit Bildnerisches Gestalten in Schaffhausen.
Lebt als Mutter und freischaffende Künstlerin im Zürcher Unterland.

Eva Gossweiler

1953 geboren. Verheiratet, vier Kinder, lebt und arbeitet in Niederteufen AR.
Primarlehrerin, Hausfrau und Mutter. Arbeit mit geistigbehinderten Menschen. Klavier- und
Flötenlehrerin.

Teresa Peverelli

1951 geboren in Kirchberg. Lebt und arbeitet in St. Gallen.
1986–1991 Schule für Gestaltung Zürich.
Tätigkeit in verschiedenen gestalterischen Bereichen. Seit 1992 Lehrauftrag an der Schule für
Gestaltung in St. Gallen.
1983/1984 *Szene St. Gallen*. 1987 *St. Galler Künstler*, Kunstmuseum St. Gallen. 1988 Galerie vor
der Klostermauer, St. Gallen. 1989 *St. Galler Kunstschaffen*. 1991 Ausstellungsorganisation,
Kunsthalle St. Gallen, Hermann Reinfrank, Claudia Blatt Lämmler, Rutishauser/Kuhn; Mitarbeit am
Projekt *KIOSK*, Talstation Mühleggbahn; *die BlauSammlung*, Publikumsaktion; *eins zwei drei*,
Gedankenbilder; *entsprechen*, Publikumsaktion. 1992 Lagerhaus St. Gallen. 1993 Material-,
Farb-, u. Raumuntersuchungen. 1995 *ein artig kommen und gehen,* Hauptbahnhof Zürich; *Aktion
sichtbar*, Kunstraum Romanshorn. 1996 *Satz Bild*, Werkart St. Gallen; Projekt an der
Nelkenstrasse, St. Gallen.

Jan Kaeser

1966 geboren in St. Gallen. Aufgewachsen in St. Gallen und im Engadin, lebt in Bühler, AR.
1982–1986 Ausbildung als Schreiner. 1989–1992 Schule für Gestaltung Zürich, Ausbildung zum Werklehrer. 1994 Studienaufenthalt in Vietnam.
Seit 1982 gestalterische Lehrtätigkeit.
1994 *Appenzeller Jahresausstellung*, Trogen, AR. 1995 *Appenzeller Jahresausstellung*, Heiden, AR; *Aktion sichtbar*, Kunstraum Romanshorn, Installation; Eisenskulptur, Trogen.
1996 *Appenzeller Jahresausstellung*, Herisau, AR; Kunst am Bau, Eisenskulptur, Schulhaus Schänis, SG; *Multiples-Ausstellung*, Projekt-Galerie Barak, Bern.

Philipp Frei

1965 geboren in St. Gallen. Lebt und arbeitet in Zürich.
Schreinerlehre in St. Gallen. 1989–1993 Studium Zeichenlehrer an der Schule für Gestaltung in Zürich.
1994 *Ende der Leere Beginn*, U-Passage, Zürich. 1995 *Aktion sichtbar*, Kunstraum Romanshorn; Jahresausstellung U-Passage Zürich. 1996 U-Galerie, Zürich.

Agenda

Das Projekt Wassergasse 7 wurde in drei Teilen im Zeitraum von August 1995 bis Februar 1997 an der Wassergasse 7 in St. Gallen realisiert.

1. Teil Teresa Peverelli
August 1995 bis Januar 1996, Besichtigung 3. Februar bis 26. Februar 1996

2. Teil Jan Kaeser
Februar 1996 bis Juni 1996, Besichtigung 12. Juni bis 23. Juni 1996

3. Teil Philipp Fei
August 1996 bis Februar 1997, Besichtigung 15. Februar bis 3. März 1997

Buchpräsentation 22. Februar 1997

Dank

Das Projekt Wassergasse 7 und die vorliegende Publikation konnten dank
Unterstützung folgender Institutionen und Personen realisiert werden

Stadt St. Gallen, Werkzeitbeitrag 1996
Liegenschaftenamt der Stadt St. Gallen

Sabine Böni, Christine Fischer, Eva Gossweiler
Gallus Frei, Patricia Högger, Stefan Rohner
Michael Abele, Emanuel Sturzenegger, Marcel Tachezy, Vreni Wenk

Werner Frehner, Familie Gossweiler
Peter Kläger, Philipp Neff, Anuschka Pfammatter, Barbara Schmid
Patrizia, Martino und Thomas Vonäsch, Sigi Wenger

Impressum

Texte: Sabine Böni, Christine Fischer, Eva Gossweiler
Fotos: Sabine Böni, Gallus Frei, Patricia Högger, Stefan Rohner

Satz und Gestaltung: Georg Rutishauser, Zürich
Belichtungen: Fotosatz Salinger AG, Zürich
Lithos: Fotolitho Baumann, Zürich
Druck: Druckerei Effretikon, Effretikon
Ausrüstung: Buchbinderei Eibert AG, Eschenbach

© 1997 bei den Autorinnen und Autoren
edition fink, Zürich

ISBN 3-906086-19-4